# RÉFLEXIONS

SUR L'HÉRÉDITÉ

DU POUVOIR SOUVERAIN.

# RÉFLEXIONS

SUR L'HÉRÉDITÉ

# DU POUVOIR SOUVERAIN.

PAR M. J. CHAS.

———————

A PARIS,

CHEZ LES MARCHANDS DE NOUVEAUTÉS.

AN XII — 1804.

# RÉFLEXIONS

## SUR L'HÉRÉDITE

## DU POUVOIR SOUVERAIN.

En prouvant la nécessité et les avantages de l'hérédité du Pouvoir souverain, je remplis le devoir d'un bon citoyen qui doit le tribut de ses pensées à la Patrie. Ce n'est point pour relever la gloire et étendre la puissance du Magistrat suprême de l'Empire français, que j'ai entrepris l'examen de cette grande et importante question du Contrat social. L'univers est plein de sa renommée. Les lauriers qui ombragent son front, et les bienfaits de son administration, lui pro-

---

*Nota.* L'ouvrage que je publie fut composé et livré à l'impression, il y a deux ans. La publication en fut suspendue par des ordres supérieurs. J'ai la gloire d'avoir l'initiative sur la question de l'hérédité du Pouvoir souverain.

A.

mettent l'immortalité. Son nom et sa mémoire ne périront jamais. Toutes mes vues et toutes mes conceptions se sont fixées sur le peuple français. Après une révolution si fertile en malheurs et en crimes, la Nation doit enfin jouir du prix de ses sacrifices et des bienfaits de sa régénération, en donnant à sa constitution et à son gouvernement ces institutions antiques et ces formes invariables, destinées à affermir sur des bases immortelles l'autorité suprême de son chef et de son représentant.

C'est dans la formation du gouvernement que les nouveaux législateurs de la France ont développé de grandes vues de sagesse et de raison. Ils ont puisé dans l'étude de l'histoire, dans la science de la politique, et dans les ouvrages des publicistes, les véritables maximes qui doivent former les constitutions des empires, et les ont appliquées au nouveau pacte social qui nous régit. Le gouvernement, qui réside essentiellement dans le chef de l'État, a été associé à la puissance législative; on lui a donné un centre d'unité, parce qu'on a reconnu qu'il ne faut point confier l'exercice du pouvoir souverain à plusieurs. Un seul doit être revêtu de cette suprême autorité. Un centre unique de la suprême puissance est nécessaire pour imprimer à tous les ressorts de la machine politique, ce mouvement salutaire qui est la vie du corps social, et pour donner aux loix un caractère de force et de grandeur qui en assurent l'exécution et l'obéissance.

C'est dans le Chef suprême de l'État que résident la base et le principe de l'union sociale; c'est la chaîne dont les deux extrémités doivent se correspondre et se réunir pour entretenir cette force et cette harmonie, si nécessaires à la splendeur et à la tranquillité de l'État. Il est l'ame du gouvernement; il met en activité toutes les parties de l'administration publique; il en suit la direction, ordonne le mouvement et la marche des armées, déclare la guerre, fait la paix, conclut les traités d'alliance et de commerce, dirige les relations extérieures; nomme à tous les emplois civils, militaires et religieux, fait des loix locales et réglémentaires; il commande et dispose de la force armée; il est le gardien du trésor public; il purifie, pour ainsi dire, les institutions politiques, et les fait tourner à l'utilité du peuple et à la prospérité de l'empire.

Si cette grande autorité est confiée à plusieurs, alors plus d'union, plus d'ordre; alors il n'y a plus de force coërcitive pour maintenir l'obéissance aux loix; il n'y a plus de garantie publique pour assurer la propriété des biens et la liberté des personnes; il n'y a plus de lien politique; en un mot, il n'y a plus de nation. Ceux qui la composoient rentrent, par le fait même de cette polygarchie, dans l'état qui a précédé celui de la société. Un centre unique de pouvoir prévient ces déchiremens et ces calamités qui bouleversent et détruisent les empires.

Il faut donner au Chef de l'État une grande autorité. L'éclat et la considération dont il doit être environné, est une sorte d'hommage de la dignité impériale. La majesté imposante du Chef de l'État dispose les peuples au respect et à l'obéissance des loix, imprime une crainte salutaire, et rappelle la force et la puissance souveraine. L'unité, la perpétuité, l'hérédité du pouvoir souverain, voilà le fondement qui doit en assurer la force et la durée.

Le gouvernement, qui réside essentiellement dans le magistrat suprême de la Na-

lion, est plus utile et plus nécessaire qu'une
constitution. Des loix politiques et civiles
forment le pacte social, mais il faut un gouvernement pour imprimer à ces loix un principe de mouvement et de vie. On peut bien
concevoir, disoit un membre du Corps législatif, un empire sans constitution ; mais on
ne peut le concevoir sans gouvernement.
Tous les législateurs ont donné à leur pays
des loix constitutionnelles, qui sont restées
dans la poussière des siècles, tandis que les
peuples tenoient les yeux fixés sur les gouvernemens, qui changeoient de principes
suivant les temps et les circonstances. La
constitution de Lycurgue a duré cinq cents
ans, mais combien le gouvernement lacédé-
monien n'a-t-il pas éprouvé de variations ?
La constitution de Numa, toujours respec-
tée à Rome, même sous les empereurs, n'a
pas empêché que le gouvernement romain
n'éprouvât de grandes révolutions. Le gouvernement d'Athènes, mal constitué, a produit des malheurs et des crimes. Quelle res-
semblance y a-t-il entre la fameuse Chartre
anglaise et le gouvernement britannique,
entre l'Alcoran et le gouvernement turc,
entre la Bulle d'or et la confédération ger-

manique, entre la Loi salique et l'ancien gouvernement français ? Ce ne sont pas les constitutions qui ont préparé la grandeur ou la
chute des empires ; ce sont les vertus et les
vices des chefs des nations ; c'est la force ou
la foiblesse des gouvernemens.

Un sénatus-consulte solemnel a proclamé
la perpétuité du Consulat ; mais pour affermir sur des bases inébranlables la stabilité
du gouvernement, il faut consacrer l'hérédité de la suprême magistrature. La loi héréditaire évite ces convulsions périodiques
qui épuisent graduellement un État, et le
livrent à l'influence, toujours croissante, des
nations étrangères, et dont le terme, aussi
honteux qu'inévitable, est un démembrement par lequel s'anéantit son existence
politique. Dans un gouvernement électif, la
succession au pouvoir souverain fixe l'atten-
tion publique, et réveille les passions des
ambitieux. On ne peut élire pour chef qu'un
étranger ou un citoyen ; le premier ne con-
noit point le peuple qu'il doit commander ;
une défiance réciproque régnera entre lui
et la nation ; le chef n'appellera dans son
conseil et aux emplois publics que des étran-
gers. Si l'on confie l'autorité souveraine à

un citoyen, il y portera ses amitiés particu-
lières et ses haines privées; il sera l'objet
perpétuel de la jalousie des grands, qui ver-
ront avec un dépit secret leur égal les commander. Mably loue Gustave Vasa d'avoir
cru que le gouvernement suédois ne pren-
droit aucune consistance, que les loix se-
roient sans vigueur, tant que la couronne
élective seroit achetée à prix d'argent, ou
donnée à l'intrigue.

Le successeur au pouvoir souverain sait
qu'il doit régner par la justice et par les loix.
On grave dans son jeune cœur ces principes
d'ordre, d'équité et de morale qui doivent
préparer une heureuse et brillante administration. Dans un État où l'autorité souveraine est héréditaire, on observe un systême suivi d'opérations civiles et militaires;
tout marche sans efforts et sans oscillation.
Dans un État où cette autorité est élective,
tout est incertitude et confusion; les projets
salutaires d'un souverain sont oubliés à sa
mort. Un prince élu, ne se voyant qu'usu-
fruitier du pouvoir, n'est occupé que de
l'agrandissement de sa famille, et il ne cesse
de méditer sur les moyens de réunir l'usu-
fruit à la propriété. Pour parvenir à l'exé-

cution de ses projets, il corrompt; il forme
un parti, il renverse toutes les barrières
qui s'opposent à son ambition; il devient
tyran et despote; il récompense avec pro-
fusion ceux qui ont contribué, par leurs
intrigues et leurs suffrages, à son élévation;
il leur prodigue ces places et ces dignités
réservées au mérite et à la vertu. De-là naissent les murmures, les mécontentemens,
les troubles et les conspirations qui pré-
parent les fureurs de l'anarchie, et les crimes
de la guerre civile.

L'hérédité évite ces élections toujours
accompagnées des factions et des crimes,
avant-coureurs de ces tristes et sanglantes
révolutions qui détruisent les empires et
conduisent les peuples à l'esclavage et à la
misère; la loi héréditaire met le gouvernement à l'abri de ces commotions qui l'ébran-
lent et le renversent. Le souverain descend
au tombeau, son successeur monte sur le
trône aux acclamations du peuple. *Le roi
est mort : vive le roi.* Voilà le seul cri qui se
fait entendre; on l'écoute dans le recueille-
ment; l'autorité n'est point suspendue; le
gouvernement conserve sa force; les loix
restent dans toute leur vigueur; le Magistrat

reste toujours assis sur son tribunal ; le peuple n'abandonne point ses travaux, l'artisan ses ateliers , le cultivateur ses domaines, le père de famille ses affaires domestiques, pour aller donner leurs suffrages dans des assemblées séditieuses où règnent les factions et l'intrigue. La loi héréditaire évite ces réunions, où une multitude ignorante ou séduite est toujours prête à se soulever contre l'autorité des magistrats ; toujours avide d'innovations, elle écoute dans le silence et le respect des orateurs factieux qui veulent prêcher leur système d'indépendance pour bouleverser le corps politique, et rompre ces rapports précieux qui existent entre le peuple et son chef, dans l'espoir de trouver dans des divisions intestines les moyens de satisfaire leur orgueil et leur ambition. La loi héréditaire a encore un avantage bien précieux, elle attache plus étroitement les peuples à leurs chefs par les liens du respect et de l'amour fortifiés par l'habitude et par l'expérience des bienfaits.

L'excellence et les avantages de l'hérédité sont aujourd'hui reconnus par tous les publicistes qui ont approfondi la science de la politique, et qui ont médité dans le silence sur les maximes qui doivent constituer le pacte social. Lorsque l'Empire Romain, dit Hume, fut devenu, pour ainsi dire, une masse trop pesante pour le gouvernement républicain, toutes les nations de la terre virent avec plaisir Auguste exercer le pouvoir souverain, et se soumirent avec docilité au successeur qu'il avoit nommé dans son testament. Ce fut ensuite un malheur que la succession ne se soutînt jamais longtemps dans la même famille, et que la tige impériale souffrît de fréquentes catastrophes, soit par des assassinats, soit par des rébellions. Une famille n'étoit pas plutôt éteinte, que la cohorte prétorienne élisoit un nouvel empereur. Ces élections préparèrent la chute de l'Empire Romain. La loi héréditaire auroit conservé et augmenté sa gloire et sa puissance.

J. J. Rousseau, qui n'a considéré que superficiellement l'état des sociétés politiques, dit, dans ses Considérations sur la Pologne, que l'hérédité de la couronne prévient les troubles, mais qu'elle amène la servitude. Ce politique paradoxal n'a pas su prévoir que l'élection des rois produiroit le démembrement de cet Etat régi par une constitution bizarre et informe. Dans un gouvernement mixte, où il existe un corps législatif, il ne peut y avoir ni despotisme, ni servitude. Les loix fondamentales veillent sur la liberté publique. Les droits de la puissance exécutrice sont fixés d'une manière précise. Un chef de nation qui ne réunit point les pouvoirs législatif et exécutif, ne peut être ni despote, ni tyran ; s'il exerçoit une autorité arbitraire, ce seroit par la corruption : mais ce vice ne tient point à la constitution ; il peut être détruit par des loix qui régénèrent les mœurs publiques.

Lorsque la constitution a créé et divisé les pouvoirs, qu'elle a fixé les limites qui règlent leurs droits et leurs fonctions, toutes les parties de l'ordre social sont dans une parfaite harmonie. La puissance législative ne peut pas étendre son pouvoir, ni sortir du cercle constitutionnel qui lui est tracé ; la puissance exécutrice la forceroit à rentrer dans les limites qui lui sont prescrites. Le chef de l'Etat, qui exerce le pouvoir exécutif, ne sauroit être ni tyran, ni usurpateur, parce que le pouvoir législatif, par une force morale supérieure à la force physique, s'opposeroit à sa tyrannie. et à ses usurpations.

Ce n'est point pour les intérêts des chefs des nations que les peuples ont proclamé l'hérédité du pouvoir souverain ; c'est pour le maintien de l'ordre public, pour la tranquillité des sociétés politiques, et pour éviter les factions et les guerres, suites inévitables et malheureuses des élections, que cette loi précieuse a été instituée ; elle a été observée par les nations les plus sauvages et les plus anciennes. Ce n'est point par le droit de propriété que les souverains transmettent leurs droits et leur pouvoir ; c'est au nom de l'intérêt public, c'est en vertu de la volonté générale. Cet acte nécessaire de transmission doit être exécuté, parce qu'il renferme le vœu national, et qu'il est un gage certain du bonheur du peuple et de la stabilité du corps politique. C'est donc la loi fondamentale de l'Etat, et non pas la volonté particulière du souverain, qui fixe et règle cette forme essentielle du gouvernement ; c'est la loi de l'Etat qui la transmet et la perpétue ; le Chef de la nation, qui exerce la puissance souveraine en vertu de l'hérédité, suit et exécute la volonté nationale dont il est l'organe et le dépositaire ; en sa qualité de Représentant de la nation, il exerce un droit sacré et légitime.

La question de l'hérédité du pouvoir souverain est une des plus importantes du Contrat social, elle tient essentiellement à l'existence des sociétés politiques, à la gloire, à la liberté et au bonheur des peuples ; cette matière n'a point été développée par les publicistes ; ils ont, à la vérité, répandu dans leurs ouvrages quelques maximes éparses sur cette grande question, mais ils n'ont point donné un code de doctrine qui étoit nécessaire pour démontrer les avantages et les bienfaits de la loi héréditaire. Il est temps de suppléer à ce silence et d'ouvrir les annales historiques : l'histoire est plus propre à convaincre que les raisonnemens, elle nous offre la vérité dans toute sa simplicité, elle dissipe les doutes et les incertitudes, et devient une source de lumière et d'instruction.

Ouvrons donc l'histoire de l'Europe, elle nous montrera les maux qu'ont produit les élections des Souverains ; les chefs qui ont gouverné les nations étoient dans l'origine électifs. Mais qui peut lire sans frémir l'histoire de ces temps malheureux qui ne présente qu'un tableau sanglant de guerres et de proscriptions? Le sang humain couloit dans les combats et sur les échafauds, et la terre en étoit inondée ; on n'entendoit que les cris des mourans, et les bruits effroyables des chaînes des vaincus : le père s'armoit contre son fils, le fils assassinoit son père, et le meurtrier portoit en triomphe la tête sanglante de son ennemi ; les familles, semblables à des bêtes féroces, s'entr'égorgeoient, et l'espèce humaine se détruisoit par des meurtres et des assassinats. Dans ces temps de carnage et de confusion, la mort des rois étoit le signal des combats et de la vengeance, et leurs cendres allumoient toutes les passions ; les conquérans ne s'armoient que pour massacrer et pour incendier, et le trône qu'ils usurpoient se changeoit bientôt en un autel sanglant sur lequel ils expioient leurs crimes et leur ambition. Les peuples épuisoient leur sang et leurs trésors pour défendre des tyrans et des usurpateurs qui, pour prix de leurs sacrifices, leur forgeoient des chaînes et les accabloient sous le poids d'une honteuse servitude. Au despotisme des chefs succédoit la

tyrannie populaire. Après avoir obéi en
serfs, les peuples commandoient les armes à
la main, et se livroient à tous les excès de la
férocité ; on ne connoissoit d'autres droits
que la force ; c'étoit cette puissance terrible
qui régloit le sort des nations et les destinées des empires. Le prince qui exerçoit
par élection le pouvoir souverain, deman-
doit de nouvelles concessions, et le peuple
réclamoit de nouveaux priviléges : la servitude soutenoit et défendoit la puissance des
chefs ; la rébellion et la tyrannie populaire
la renversoit.

Enfin on comprit que pour fermer les
sources des calamités publiques, il falloit
établir de nouveaux principes de législation,
de politique et de gouvernement ; pour parvenir à une heureuse régénération, il falloit établir la succession héréditaire au trône ; les Etats de l'Europe qui adoptèrent le
système d'unité et d'hérédité ne furent plus
déchirés par des factions intestines ; l'humanité respira, et la nature se reposa au
milieu de ces bouleversemens. Il y eut
encore des troubles et des guerres, mais ils
ne furent ni si longs, ni si meurtriers ; le
chef de la nation armé du pouvoir hérédi-

taire, parvenoit à réprimer les séditions ; les peuples reconnurent les avantages de la loi fondamentale qui proclamoit l'hérédité du pouvoir souverain ; ce fut à l'ombrage de cette loi bienfaisante qu'ils trouvèrent le terme de leurs malheurs et le commencement de leurs prospérités.

Que de meurtres, que de factions, n'a pas produit en Allemagne l'élection de la dignité impériale ; la superstition religieuse se réunit au fanatisme politique ; le feu de la guerre éclate avec tout le cortége de toutes les fureurs que les passions inspirent ; les peuples, esclaves de la cour de Rome, se livrent, à la voix des pontifes, à tous les excès de la rébellion ; ce fut alors qu'éclatèrent ces divisions ecclésiastiques qui ont si long-temps désolé la Germanie ; elles ont préparé ces bouleversemens et ces révolutions qui ont ensanglanté les trônes et renversé les autels.

Grégoire VII, génie vaste et hardi, politique habile, qui sut profiter des foiblesses et des lâchetés des Souverains pour leur imposer des loix, qui, sans soldats et sans armées, disposoit des sceptres et des empires, ordonne à Conrad de se dépouiller de la dignité impériale. Conrad prend les armes pour défendre ses droits ; son fils se révolte, et Conrad résigne le pouvoir impérial ; les factions des Guelphes et des Gebelins se forment, et répandent l'incendie et la mort. Henri vi, élu empereur, convoque une assemblée des princes, et leur expose que pour éviter les guerres qui dévastoient l'empire Germanique, il falloit lui accorder le droit de transmettre la dignité impériale. Les princes cédèrent au vœu d'Henri vi, mais la cour de Rome s'opposa à la promulgation de cette loi salutaire ; alors les factions assoupies reprirent une nouvelle vigueur ; on vit à-la-fois trois empereurs revêtus de la suprême magistrature ; cette confusion produisit de nouveaux crimes. Philippe i fut assassiné, Frédéric excommunié, Henri son fils prit les armes, et outragea son père dans cet état d'opprobre et d'humiliation. On vit encore quatre rois des Romains qui exerçoient l'autorité impériale ; Conrad et son fils Guillaume, comte de Hollande, et Richard, duc de Convarch, s'armèrent et se combattirent avec fureur ; les uns périssent, les autres sont dépouillés de leurs dignités. L'Allemagne n'offrit alors que des scènes mul-

B

tipliées de carnage et d'anarchie ; la noblesse
opprimoit le peuple, les propriétés étoient
ravagées, les armées se livroient à tous les
excès du désordre et du pillage, et ces vastes
contrées étoient dévouées à tous les fléaux ;
les diètes se consumoient en débats inutiles, et se terminoient par des combats san-
glans ; l'empire resta quelque temps sans
loix et sans chefs. On élut des empereurs,
mais leur déposition et la mort suivoient de
près leur élection ; Adolphe de Nassau est
dépouillé de la dignité impériale ; Albert I
est assassiné, Vencéslas, après avoir été
empoisonné, erre dans des contrées étrangères, Frédéric, duc de Brunswick, est
poignardé, et Sigismond périt par le poison.

La dignité impériale revint à la maison
d'Autriche, qui en jouit par une espèce de
succession tacite, quoique les électeurs ob-
servent les formes inutiles des élections.
Depuis l'institution de ce droit antique dont
cette famille puissante est en possession, les
factions intérieures sont presqu'enchaînées ;
les guerres civiles ont suspendu leurs fureurs ; et l'Allemagne, pendant le temps des
élections, n'est plus bouleversée par ces
commotions et déchirée par ces troubles

intestins qui en ont fait un théâtre sanglant.
L'ambition peut bien s'agiter, mais elle se
contente d'employer les moyens secrets de
la séduction ; au glaive de la mort ont suc-
cédé la ruse et l'intrigue. Ce n'est qu'en
fixant irrévocablement dans une famille la
dignité impériale, que l'Allemagne pourra
changer sa constitution, ses loix bizarres et
ses institutions informes : alors les peuples
soumis à leurs chefs jouiront des bienfaits
de la paix, accroîtront leur puissance, leur
industrie, simplifieront les rouages multi-
pliés de cette machine politique qui en arrê-
tent tous les mouvemens, empêchent les
progrès de la législation, et l'établissement
de ces institutions salutaires destinées à la
prospérité de ce vaste empire et à la liberté
publique.

La Suède, pendant le temps des élections
de ses rois, fut un théâtre continuel de
troubles et de factions ; ses annales ne nous
présentent que le triste récit des batailles et
des assassinats. La noblesse combattoit sans
cesse l'autorité royale ; les loix étoient sans
force et sans vigueur, parce que le chef de
la nation n'étoit considéré que comme le
capitaine-général de l'Etat pendant la guerre,

et le président du sénat pendant la paix. A chaque élection, le clergé obtenoit de nouveaux priviléges et de nouvelles concessions. Le peuple gémissoit dans les fers de l'esclavage, et bientôt la Suède devint la proie du Danemarck. Gustave Vasa s'arma pour venger sa patrie, et punir ses oppresseurs. Après avoir erré pendant quelque temps dans les déserts de la Dalécarlie, il se montre devant un peuple abattu, relève son courage, excite son énergie, forme des guerriers et des soldats; sa vie ne fut plus qu'un enchaînement continuel de victoires et de triomphes. Gustave monte sur le trône de Suède, et la loi de l'hérédité du pouvoir souverain est établie et proclamée. Alors la Suède fut gouvernée par des rois justes, et des princes guerriers qui étendirent la gloire et relevèrent la puissance de la nation. Voilà les bienfaits et les avantages que le peuple trouva dans l'institution de la loi héréditaire.

Le Danemarck, au milieu de ces grandes commotions qui ébranlèrent si souvent cet empire, proclama une charte qui rendit la puissance héréditaire. La maison d'Oldenbourg, qui règne aujourd'hui, occupe le

trône par le droit transmissible depuis 1447.
Cet Etat est gouverné par un roi qui exerce
toute la plénitude du pouvoir souverain.
Le peuple danois est heureux. Les Etats-
généraux, dit Voltaire, se dépouillèrent en
1660 de tous leurs droits en faveur de leur
roi; ils lui donnèrent une puissance absolue;
mais ce qui est plus étrange, c'est qu'ils ne
s'en sont point repentis jusqu'à présent.

La Russie, partagée en plusieurs principautés, et déchirée par des guerres intestines, étoit gouvernée par des rois électifs;
les Tartares l'envahirent en 1237. Elle gé-
mit pendant plus de deux siècles sous le
joug de l'esclavage. Jean Wasilovitch réunit
sous sa domination toutes ces principautés
éparses, et forma un Etat vaste et puissant;
il chassa les conquérans usurpateurs, et
jeta les fondemens d'une grande monarchie.
Il établit dans sa famille l'hérédité de la
couronne : son fils conquit les royaumes de
Casan et d'Astracan, étendit son empire
jusqu'à la mer Caspienne et jusqu'aux frontières de la Perse.

L'ancienne race de Warègnes, qui avoit
occupé le trône pendant plus de quatre
siècles, s'éteignit; la loi de l'hérédité fut

violée, et la couronne devint élective.
Alors la Russie fut le théâtre des factions
intestines et des guerres civiles, et déjà cet
empire étoit près de sa dissolution. La race
de Romanzow monta sur le trône, et la loi
héréditaire fut rétablie. Les rois de cette
nouvelle dynastie rendirent la Russie puissante par leurs victoires, leurs conquêtes,
leurs alliances, et se distinguèrent par leur
justice et leur clémence. La loi héréditaire
fut encore violée ; les désordres boulever-
sèrent l'Etat, et l'esprit de faction enfanta la
discorde. Les seigneurs donnèrent le trône
à Wanowa, qui fut l'oppresseur de son
peuple. Après plusieurs années de troubles
et d'intrigues, la loi héréditaire fut rétablie, et les descendans de Pierre-le-Grand
montèrent sur le trône. La Russie conserve
cette loi précieuse. Tant qu'elle existera, on
ne verra point ces guerres et ces révolutions qui ont suivi les élections des empereurs.

Les annales de la Pologne, consacrent
cette grande vérité, que les États gouvernés
par des chefs électifs éprouvent ces déchiremens et ces commotions terribles qui en pré-
parent la dissolution. Cet empire, dans l'a-

narchie de sa constitution, et dans les im-
perfections de ses loix, a été successivement
conquis par les Moraves et les Hongrois.
Plusieurs de ses rois ont été expulsés du
trône, assassinés ou empoisonnés. Le peuple
a été serf et esclave, et la noblesse orgueil-
leuse et oppressive. Après avoir parcouru
tous les degrés de l'infortune, cette nation
malheureuse est devenue la proie de l'Autriche, de la Russie et de la Prusse. L'anarchie est cent fois plus funeste que le despotisme. Sans doute cette forme odieuse
de gouvernement immole des victimes ; mais
l'anarchie étend la corruption et les calamités sur tous les membres de la société,
et prépare, dans le silence, les fers de l'esclavage.

L'Autriche n'a eu que des princes qui
jouissoient du droit de transmettre leur pouvoir souverain. Cet empire, délivré des troubles qui naissent des élections des rois, a
étendu sa force, augmenté sa puissance par
des progressions successives, qui alarmèrent
l'Europe. La nation défendit la loi héréditaire contre des ennemis armés pour l'a-
néantir. Le maintien de ce pacte solennel a
contribué à la gloire et à l'agrandissement

de l'Autriche; elle a procuré cette paix intérieure dont elle a joui constamment. La Saxe a été ravagée et ses habitans massacrés, pendant qu'elle a été gouvernée par des princes électifs. La loi héréditaire a mis un terme à ces scènes de carnage et d'horreur. La Prusse, régie par ses chevaliers teutoniques, fut conquise par les Polonais. Elle resta dans un état de foiblesse et d'esclavage, pendant plus de deux siècles. Albert de Brandebourg brisa les fers des malheureux Prussiens. Il exerça le pouvoir souverain, qu'il transmit à ses descendans. La Prusse, érigée en royaume, a été gouvernée par des rois, qui ont agrandi leur État; et cet empire, si foible, si resserré dans son origine, est devenu une monarchie puissante de l'Europe.

La Grande-Bretagne fut conquise par les Romains, et réunie à la préfecture des Gaules. Le peuple breton fut heureux et tranquille sous cette domination étrangère. Lorsque les Romains, occupés de leur propre défense, lui déclarèrent qu'il étoit libre, il regarda ce privilége et ce bienfait comme une calamité et un esclavage. Rendu à son antique gouvernement, et soumis à

des chefs électifs, ce peuple fut déchiré par
des divisions intestines, et opprimé par des
ennemis cruels; il fut attaqué par les Écos-
sais et les Pictes ; il dut son salut et sa tranquillité aux rois de l'Armorique, dont ils im-
plorèrent l'alliance et la protection.

Le gouvernement des Bretons devint
véritablement monarchique. Le Chef de la
nation eut le droit de transmettre le pouvoir souverain. Cette forme antique et précieuse de la constitution fut violée par l'ambition des grands, qui usurpèrent les droits
de l'autorité royale. Cette infraction à la loi
fondamentale de l'État, enfanta des factions
qui préparèrent la conquête de la Grande-
Bretagne par les Saxons. Ces conquérans
établirent des eptarchies, qui furent gou-
vernées par des princes, tantôt électifs et
tantôt héréditaires. Dans ce mélange bizarre
de gouvernement, dans cet assemblage informe de pouvoir, les eptarchies étoient
sans cesse armées pour se combattre et se
détruire ; enfin elles furent réunies, et se
soumirent à des rois héréditaires. Alors on
vit les règnes glorieux d'Egbert, d'Alfred-
le-Grand et d'Édouard l'ancien. La loi héréditaire fut ensuite violée, et un bâtard fut

placé sur le trône britannique. Bientôt après
les Danois firent la conquête de la Grande,
Bretagne. Cette dynastie étrangère conserva la loi héréditaire. La race saxone ayant
été rétablie sur le trône, viola cette loi antique et précieuse. L'empire britannique,
après la mort d'Edouard-le-Confesseur, appartenoit à Edgar-Athelin, petit-fils d'Eg-
mont II; mais la nation reconnut Harol II
pour son souverain. Cette élection, con-
traire aux loix fondamentales de l'État, devint la source de nouveaux troubles. Guillaume, duc de Normandie, sut en profiter;
il fit la conquête de l'Angleterre.

Guillaume conserva la loi héréditaire. La
mort de Henri I son fils opéra une révolution dans l'État. Les barons et le clergé s'em-
parèrent du pouvoir souverain. Cette aristocratie sacerdotale et civile prépara les
guerres, les factions et les crimes. La couronne fut donnée à Etienne, qui gouverna
avec une verge de fer. La loi héréditaire
reprit bientôt sa force et sa vigueur, et le
trône fut occupé par les descendans de
Guillaume-le-Conquérant.

Jean Sans-Terre, prince lâche et féroce,
se rendit odieux par sa cruauté. Innocent III

qui vouloit réunir la force militaire à l'encensoir, et la tiare à la magistrature, usurpa un droit national. Ce pontife donna l'empire britannique à Louis, fils de Philippe-Auguste, roi de France. Cette intervention de l'ordre social, cette usurpation manifeste des droits les plus sacrés des nations, occasionna une guerre meurtrière, et établit ce gouvernement aristocratique qui opprima le peuple et le conduisit à la servitude la plus humiliante. Quel tableau affligeant nous présente l'Angleterre! Un roi dépouillé de ses états; un empire démembré et réduit à un honteux vasselage; un peuple souffrant lâchement les maux d'une servitude étrangère. La mort de Jean opéra un nouvel ordre de choses; en vertu de la loi héréditaire Henri iii monte sur le trône de ses ancêtres, mais bientôt la violation de cette loi fondamentale ouvrira la source des calamités publiques. Une terrible révolution va inonder l'Angleterre des flots de sang; ses annales ne nous présenteront qu'un horrible tissu de meurtres, d'assassinats, et des divisions intestines.

Richard ii est déposé par le Parlement; il donna la couronne à Henri de Lan-

castre ; Richard termina ses jours dans la
rage et le désespoir, après avoir lutté pendant quelques jours contre les angoisses de
l'agonie. Henri IV élu par le Parlement qui
ne représentoit pas la nation, est entouré
de conspirateurs ; il chancèle sur le trône,
et meurt tourmenté par les remords.

Ce fut sous le règne de Henri VI que com-
mença cette guerre civile qui désola pendant
soixante ans l'Angleterre, qui fit périr qua-
tre-vingts princes du sang royal, qui exter-
mina presque toute l'ancienne noblesse, et
imprima sur la nation anglaise un penchant
à la rapine et un caractère à la férocité, que
les siècles n'ont point affoibli et qu'elle conserve dans un temps de civilisation et de
lumière. Les rois égorgés, les grands expi-
rant sur les échafauds, le peuple accablé
sous le poids de l'oppression, les villes et
les campagnes inondées de sang, et cou-
vertes de cadavres, des bourreaux et des
victimes, voilà le tableau horrible que l'histoire nous présente. Non, jamais les proscriptions de Sylla et de Marius, ni les assassinats des Triumvirs, n'ont égalé les fureurs
et les crimes des factions de Lancastre et
d'Yorck.

Henri VI étoit le troisième prince de la maison de Lancastre ; il est certain que dans l'origine, en vertu de la loi héréditaire, le trône sembloit appartenir à la maison d'Yorck ; mais la Nation ayant sanctionné le décret du Parlement qui donnoit la couronne à Henri IV de la maison de Lancastre, son pouvoir devenoit sacré et légitime, et c'étoit à ses descendans à jouir de l'autorité souveraine. Il restoit un rejeton de la race d'Yorck, appelé Richard. Henri instruit de son projet d'usurper le trône, le déclara traître. Richard, proscrit et fugitif, rassemble une armée pour combattre Henri, il fut tué dans un combat. Ses défenseurs périrent sur des échafauds ; le comte de la Marche, son fils, taille en pièces l'armée de Henri, et marche à Londres, où il fut proclamé roi sous le nom d'Edouard IV ; les factions de Lancastre et d'Yorck se déclarent une guerre terrible. Henri VI est vaincu, et ses défenseurs sont massacrés. Ainsi chaque faction, dit un Historien, dont la victoire couronnoit les forfaits, empruntoit la main du bourreau pour achever la tragédie commencée sur le champ de bataille. Henri VI mourut dans les fers, et Edouard son fils fut poignardé par le duc de Glocester ; ce prince cachoit sous le masque d'une profonde dissimulation l'atrocité de son ame **et** les ruses d'un scélérat hypocrite. Il ensanglanta le trône, assassina Edouard **v** et le duc d'Yorck son frère, et se fit proclamer roi par le Parlement, sous le nom de Richard **iii**. Henri **vii** qui réunit ensuite les droits des maisons d'Yorck et de Lancastre, prend les armes contre Richard, qui est tué dans un combat. La Nation déféra la couronne à Henri **vii** ; la loi héréditaire fut rétablie, elle se conserva jusqu'au règne de Charles **i**.

Ce roi infortuné périt sur l'échafaud, le Parlement s'empara de tous les pouvoirs, et l'Etat fut livré à toutes les horreurs de l'anarchie. Cromwel fut déclaré protecteur, avec le droit de désigner son successeur. Malgré sa férocité et son despotisme, Cromwel a été un grand homme, ferme dans son administration, il rendit le nom anglais redoutable aux puissances étrangères, étendit la gloire de la nation, ouvrit de nouvelles sources d'industrie, de commerce, de prospérité, et s'empara de la suprématie maritime. La monarchie se rétablit sur

ses antiques fondemens ; Jacques II fut dépouillé de ses Etats ; la chambre des Pairs
qui ne représentoit point la nation, décerna
la couronne à Guillaume III, elle fut trans-
mise dans la maison de Brunswick ; les droits
de cette nouvelle dynastie sont légitimes et
sacrés : la possession est un titre qui forme
un pacte social et une alliance solennelle
qu'il faut respecter ; le temps et la volonté
nationale ont confirmé cette élection.

La Hollande opprimée par la maison d'Autriche se déclara indépendante ; on créa le
stathoudérat ; cette dignité suprême fut exer-
cée par les princes de la maison de Nassau
et d'Orange ; mais cette magistrature amo-
vible et élective enfanta des factions et des
rivalités ; l'Etat dans ces mouvemens con-
vulsifs s'ébranla jusques dans ses fondemens ;
une anarchie continuelle étoit un présage
certain de la dissolution du corps politique ;
mille tyrans opprimoient la patrie, et exerçoient un pouvoir odieux.

La nation, fatiguée de la tyrannie aristocratique, voulut rompre les fers de la servitude, en établissant la perpétuité et l'hérédité du stathoudérat. Le philosophe qui
s'intéresse aux destinées de cette nation,

forme des vœux pour qu'elle institue par une loi organique l'unité et la perpétuité du pouvoir exécutif, et qu'elle consacre l'hérédité de la suprême magistrature. Bientôt placée au rang des grandes puissances, elle rétablira son commerce, rentrera dans la possession de ses comptoirs et de ses colonies, vivifiera toutes les parties de l'administration, et présentera le tableau heureux de son ancienne grandeur et de son antique prospérité.

L'Espagne, autrefois gouvernée par des rois électifs, a été conquise par les Maures et les Arabes, où ils se sont maintenus pendant quatre siècles. Le peuple espagnol gémissoit sous une double oppression. Les conquérans le dépouilloient de ses propriétés, et ses rois le tyrannisoient : enfin Ferdinand I monte sur le trône ; la loi héréditaire est proclamée ; alors l'Espagne sort de ses ruines ; elle rompt les chaînes de la servitude, et parvient à un degré de gloire et de grandeur inconnu aux autres puissances de l'Europe. Sous ses rois héréditaires, toutes les souverainetés éparses furent réunies ; le comté de Barcelone, la Castille, l'Arragon, le royaume de Valence, les Pays-

Bas, la Sardaigne, la Sicile, Parme, Plaisance, la Toscane, font partie de ce vaste Empire. Cette réunion de forces et de puissance annonçoit une révolution en Europe; il sembloit que tous les Etats alloient se confondre dans la monarchie espagnole.

Le Portugal, auparavant gouverné par des comtes électifs, fut érigé en royaume en 1339 : la loi héréditaire fut consacrée solennellement dans une assemblée nationale. Cet Etat fut gouverné par des princes qui jouirent du droit de transmettre leur pouvoir : ils illustrèrent la nation par leurs conquêtes, et honorèrent leur siècle par leur justice. Le Portugal vit naître dans son sein une étrange révolution. Ferdinand meurt, et transmet l'autorité souveraine à Béatrix sa fille, mariée au duc de Castille. Cependant le peuple de Lisbonne proclama don Juan protecteur et régent du royaume, il lui déféra ensuite la couronne : cette infraction à la loi de l'Etat causa une guerre entre le roi de Castille et don Juan; la loi héréditaire fut confirmée. Ce fut sous cette dynastie que les Portugais découvrirent les Indes orientales, augmentèrent leurs forces maritimes, étendirent leur commerce, et

devinrent un peuple riche et puissant. La
race royale fut éteinte par la mort de Sé-
bastien, qui périt dans une expédition en
Afrique. Le cardinal Henri s'empara de la
couronne, qui appartenoit par le droit héréditaire à la duchesse de Bragance. Henri
nomma cinq gouverneurs, qui exercèrent
l'autorité souveraine. Philippe ii, roi d'Espagne, sut profiter de cette confusion oli-
garchique pour conquérir le Portugal ; il
s'en empara, et gouverna en despote. La
fierté portugaise s'indigna de l'oppression ;
elle rompit ses chaînes après soixante ans
d'esclavage : le duc de Bragance, issu de la
famille royale, rassemble une armée, chasse
les Espagnols, et monte sur le trône que ses
descendans occupent aujourd'hui.

L'Italie, qui renfermoit dans son sein des
républiques dont les premiers magistrats
étoient électifs et amovibles, ne présente
qu'un tableau continuel de guerres, d'incen-
dies et de dévastations : les Etats qui ont été
réunis à des monarchies, n'ont point été
livrés à ces scènes d'horreur et de carnage
qui ont si long-temps ensanglanté ces riches
et belles contrées. Des factions sans cesse
renaissantes ont inondé de sang Gênes et

Venise ; leurs annales n'offrent que le triste récit des combats et des proscriptions : à l'oppression aristocratique succédoit la tyrannie populaire ; les nobles donnoient des fers au peuple, et le peuple massacroit ses magistrats. Aux factions et aux guerres se réunissoient la peste, la famine et tous les fléaux de la nature. La faction victorieuse immoloit ses victimes ; la faction vaincue, en reprenant de nouvelles forces, multiplioit les actes de vengeance et de proscriptions ; les échafauds étoient toujours dressés, les bourreaux avoient toujours le glaive en main pour égorger, et la terre étoit arrosée de sang humain. Gênes, sous la domination de Robert, roi de Sicile, de Visconti, archevêque de Milan, et des rois de France, vit fermer la source des calamités publiques. Elle s'est érigée de nouveau en république. Que le peuple génois apprenne que pour assurer son indépendance, et pour détruire ces factions qui naissent continuellement dans un état républicain, il doit établir un gouvernement central, confier à un seul chef le pouvoir exécutif, et proclamer la loi héréditaire, ou se réunir sous la domination d'une grande puissance qui protégera sa liberté, ses loix, ses institutions, ses usages, et veillera sur ses destinées. Venise, réunie à la monarchie autrichienne, jouira de cette paix intérieure qui seule fait le bonheur des peuples. Elle pourra rétablir son ancienne splendeur, son commerce, et cette gloire, qu'elle a perdus dans des temps d'anarchie et de factions.

La Toscane a été pendant trois cents ans, gouvernée par les empereurs. Sous cette domination, elle a été tranquille et heureuse ; mais elle voulut être indépendante et se gouverner par ses propres loix. Elle créa des présidens et des gonfaloniers amovibles et électifs qui exerçoient le pouvoir souverain. La Toscane devint la proie des divisions intestines. Les Médicis rétablirent la paix, et cette famille, qui jouit long-temps de la suprême magistrature, gouverna avec justice et avec sagesse. La loi de l'hérédité fut suspendue ; cet interrègne donna aux factions plus de force et plus d'audace. La Toscane est attaquée et envahie ; une guerre étrangère ruina la fortune et le commerce de ses habitans ; elle fut gouvernée par Alexandre, nommé duc par l'empereur. Ce prince fut poignardé ; il fallut éta-

blir une nouvelle forme de gouvernement ;
les uns vouloient une république, les autres
une monarchie ; les uns des magistrats amovibles, les autres un chef perpétuel. Enfin
par les conseils d'un sage citoyen, le peuple
toscan déféra le pouvoir souverain aux
Médicis ; l'Etat fut paisible et heureux. La
Toscane fut érigée en duché, et gouvernée
par un prince de la maison d'Autriche. Par
un bienfait du premier Magistrat de la
France, la Toscane a repris son nom antique, et a été érigée en royaume. Ce sera
sous des rois héréditaires, que le peuple
étrusque jouira du bonheur et de la liberté,
et qu'il bénira cette main libératrice qui a
posé les fondemens de sa gloire et de sa
prospérité.

Plusieurs Etats dont les chefs étoient
électifs ont reconnu la nécessité d'établir
l'unité, la perpétuité et l'hérédité du pouvoir souverain. L'île de Sardaigne est érigée
en royaume ; la Savoie et le Piémont ont été
gouvernés par des rois héréditaires ; ces
deux Etats sont devenus la conquête de la
France qui les défendra contre ces guerres
qui les ont si long-temps ravagés. Naples,
Sicile, se sont soumises à des rois ; la Corse,

Genève, après plusieurs années d'agitations, se sont réunies à une grande nation. Les républiques d'Italie comprendront un jour qu'il est de leur gloire et de leur intérêt d'établir un gouvernement central, mixte et représentatif, et de proclamer la loi héréditaire qui affermira leur indépendance, et assurera leur puissance et leur prospérité. Les autres Etats d'Italie doivent adopter le même système politique, et donner à leur gouvernement et à leur législation ces mêmes principes du Contrat social, destinés à éloigner les guerres et les factions, et à établir la paix et l'ordre sur des bases immortelles.

L'Helvétie a su profiter des sages conseils et de la médiation généreuse du Chef de la Nation française, pour faire cesser cette anarchie et ces guerres civiles qui l'épuisoient : elle a confié à un seul le pouvoir exécutif : mais pour enchaîner toutes les factions, ramener tous les partis, et pour réunir à l'amour de la patrie et à l'obéissance des loix, pour assurer son indépendance et la liberté publique, il faut que ce pouvoir soit perpétuel et héréditaire, pour donner au corps politique un principe de vie et d'activité ; il est nécessaire de réunir

toutes les parties éparses de la confédération, pour en former un lien de puissance
et de lumière propre à rétablir l'ordre et la
tranquillité publique.

La perpétuité et l'hérédité du pouvoir
souverain étoit une loi antique et fondamentale de l'Empire français. Elle étoit née
avec la monarchie : sa violation a produit
des guerres et des malheurs. Clovis, avant
de mourir, partage ses Etats entre ses enfans ; cette erreur politique eut des suites
funestes et déplorables ; l'Empire ne doit
jamais être démembré comme un bien civil.
Il appartient à la Nation, et au Chef qui la
représente. Il est indivisible et inaliénable.
Le partage d'un Etat allume et alimente
toutes les passions des hommes ambitieux.
Les souverains co-partageans cherchent à
agrandir leurs domaines et à usurper les
portions démembrées ; ce n'est qu'après des
combats et des meurtres, que les rameaux
séparés viennent se réunir et se reposer sur
leurs tiges antiques. La vengeance arme les
enfans de Clovis. Clodomir s'empare de la
famille royale, et la fait précipiter dans un
puits : ses propres fils sont massacrés par
Clotaire. Frédégonde et Brunehaut se livrent

à tous les excès de la débauche et de la férocité. Clotaire réunit sous sa domination tous
les Etats de Clovis ; les massacres furent
suspendus, et les factions cessèrent leurs
fureurs. Mais bientôt ce prince suivit la
fausse politique de Clovis ; il partagea l'Empire entre ses fils Dagobert et Charibert ;
les factions se réveillèrent, et de nouvelles
guerres ravagèrent la France. Alors cet
Empire présenta le tableau de la dégrada-
tion ; ses rois gouvernèrent au milieu de la
mollesse et des plaisirs ; Charles Martel ré-
veilla le courage et les vertus antiques de
la Nation. Pepin, son fils, reçut la récompense de ses travaux et de sa valeur. Ce fut
pendant ce temps où la loi héréditaire fut
observée, que la France présenta à l'Europe étonnée le spectacle de sa gloire et de
sa grandeur. Charlemagne parut, et ce
guerrier législateur étendit ses Etats depuis
la mer Baltique jusqu'aux Pyrénées, et depuis la Manche jusqu'à la Méditerranée.
Louis-le-Débonnaire n'eut ni son génie, ni
ses vertus ; il suivit le système de partage et
de démembrement introduit par Clovis et
Clotaire. Alors la couronne fut unie à l'office
de maire ; les seigneurs nommoient à cet

office , et le trône devint tour-à-tour électif
et héréditaire. Cette bizarre aristocratie
donna naissance au gouvernement féodal ,
qui fut l'opprobre et la honte de l'humanité.

La Nation française , au milieu de ses
malheurs et de sa servitude , a toujours défendu la loi fondamentale de l'hérédité. De
grandes révolutions ont placé sur le trône
de nouvelles dynasties ; mais le Chef appelé
par la Nation à exercer le pouvoir souverain , jouissoit des droits de ses prédéces-
seurs. L'exercice de la loi héréditaire étoit
bien quelquefois suspendu : mais il repre-
noit sa force et sa vigueur. La paix suivoit
le temps de guerre et de factions qui accom-
pagnoit l'élection des rois , et rétablissoit
dans leur ancienne intégrité toutes les parties éparses et confuses du pacte social. La
constitution ébranlée venoit se reposer sur
ses antiques fondemens. Cet arbre , courbé
par les orages , devenoit plus beau et plus
brillant.

Sous le règne de Philippe de Valois et de
Jean , la France fut agitée par des divisions
nées du sein de la féodalité ; la nature de son
gouvernement, la forme de son administration , les erreurs de son siècle et toutes les

passions entretenoient ces maux qui opprimoient l'humanité, dégradoient le peuple,
et consacroient tous les crimes. Ces voisins
puissans, qui prétendoient être les vassaux
de la couronne, affoiblissoient l'Etat, et ali-
mentoient ce foyer de perversité et de scan-
dale. L'autorité partagée étoit un germe de
division qui perpétuoit les malheurs de
l'anarchie et les horreurs de la licence.
Edouard III, roi d'Angleterre, voit ces
maux; il réclame, les armes à la main, la
couronne de France, comme neveu de
Charles - le - Bel par sa mère Isabelle. Le
peuple français combat pour défendre la loi
Salique, qui, en fixant invariablement l'ordre héréditaire, excluoit les femmes du
trône. Les journées désastreuses de l'Ecluse,
de Crécy, de Poitiers, d'Azincourt et de
Verneuil, ne purent abattre son courage, ni
ébranler sa fidélité.

La France, sous Charles VI, fut un théâtre
de factions, de crimes et d'assassinats. Un
roi dans la démence, une reine factieuse, un
prince du sang parjure et traître à sa patrie,
conspirèrent pour donner le trône de la
France à un prince étranger ; les Etats-
généraux et le Parlement confirmèrent cet

infâme traité. Comment la France, s'écrie un historien philosophe, couverte de tant de plaies, a-t-elle pu sortir de ce chaos d'erreurs et de crimes ? C'est que son roi n'eut pas heureusement la puissance de l'ensevelir toute entière sous ses débris. Le dauphin prend les armes, confie le commandement de ses armées au brave Dunois. Ce héros chasse les Anglais du territoire français.

Henri III meurt sans enfans. Par la loi fondamentale de l'Etat, la couronne appartenoit à Henri IV. Le duc de Mayenne et Philippe II, roi d'Espagne, la réclamèrent. Le peuple français, fidèle à ses loix constitutionnelles, détruisit la ligue et les projets de Philippe. Henri IV monta sur le trône, et par droit de conquête, et par droit de naissance.

Une loi qui se conserve au milieu des révolutions, qui brave les efforts des factions, qui résiste à la force et à la séduction, est une loi sage et utile ; le salut du peuple, l'intérêt de l'état, la gloire de la nation en exigent le maintien et l'observation, c'est la pierre angulaire qui doit soutenir et embellir l'édifice social. Si dans des temps de guerre et de factions le peuple a défendu la loi de l'hérédité, pourquoi dans un temps de paix et de lumières n'en rétabliroit-il pas l'exercice suspendu par des événemens qu'il n'a pu ni prévenir ni maîtriser ?

Une assemblée législative, un pouvoir exécutif perpétuel et héréditaire exercé par un seul, voilà les bases fondamentales sur lesquelles doivent reposer les constitutions des empires et les gouvernemens des peuples. C'est dans le temps de sa régénération et au milieu de la paix intérieure dont elle jouit, que la Nation française doit voir dans le rétablissement de l'hérédité, et du droit de primogéniture, le gage certain de la stabilité de sa grandeur et de sa liberté. Il manifestera ses vœux et annoncera ses volontés au milieu des hymnes de joie et des cantiques de bénédictions ; ce jour deviendra une époque mémorable qui lui rappellera l'exercice d'un grand acte de puissance, de reconnoissance et d'intérêt national. Le peuple français, attaché à ses anciennes loix fondamentales, verra, avec des transports d'alégresse, sortir de ses ruines son ancienne constitution corrigée dans ses vices et dans ses abus ; la loi d'hérédité ajoutée au pacte

social qui nous régit, obtiendra son suffrage
et sa sanction, elle fera cette alliance auguste et solennelle qui l'unira à son chef
par de nouveaux liens d'amour, de respect
et de confiance.

Une loi fondamentale est toujours sainte
par son ancienneté, le peuple y est attaché
par une espèce d'idolâtrie qu'il faut respecter; le gouvernement le plus conforme à la
nature est celui qui se rapporte le mieux à
la disposition du peuple pour lequel il est
établi. L'auteur du Contrat social ne veut
pas que l'on abolisse les anciennes coutumes, il pense que les peuples une fois accou-
tumés à des maîtres, ne sont plus en état de
s'en passer; s'ils tentent de secouer le joug,
ils s'éloignent d'autant plus de la liberté,
que prenant pour elle une licence effrénée
qui lui est opposée, leurs révolutions les
livrent presque toujours à des séducteurs
qui ne font qu'agraver leurs chaînes. Montesquieu nous enseigne qu'il n'est rien de
plus dangereux pour un Etat que de changer les principes de son ancien gouvernement. Machiavel a dit qu'un gouvernement
ne pouvoit long-temps subsister, s'il ne
recouroit à ses premiers principes. On n'est

pas encore d'accord s'il ne vaut pas mieux
laisser subsister des institutions parce qu'elles
sont anciennes, lorsqu'elles ont quelques
bontés, que de les abolir pour leur en subs-
tituer des meilleures.

La loi de l'hérédité sera le complément et
la perfection du pacte social qui nous régit;
elle lui sera liée et inhérente; elle servira à
sa conservation; elle ne pourra plus en être
séparée : ce seront les anneaux d'une chaîne
qui ne pourront ni se rompre, ni se divi-
ser; il se formera une nouvelle alliance entre
la nation et son chef, et le décret qui fixera
l'hérédité du pouvoir souverain, sera aussi
sacré et aussi légitime que les loix qui donnèrent à Pharamond, à Clovis, à Pépin et
à Hugues Capet, la couronne de France.
Une constitution est un pacte d'alliance entre
la nation et son chef; on lui doit respect et
soumission ; elle impose un joug d'obéissance et doit exercer un despotisme salutaire sur tous les membres de l'association
générale. Par le droit de nature, l'homme
est né libre; sa conscience, voilà son législateur : mais réuni en société, il a des de-
voirs à remplir. Les loix doivent diriger sa
conduite et ses principes ; le pacte social

règle l'exercice de sa liberté et en fixe les limites. Il existe des liens utiles qui enchaînent ses volontés ; ils marquent le point de la carrière qu'il doit parcourir, et le terme où il doit s'arrêter. Par le pacte social, il unit son intérêt particulier à l'intérêt général ; sa volonté particulière à la volonté générale ; esclave de la loi, il est libre et heureux ; c'est son obéissance qui fait sa force, sa puissance et sa dignité ; sa rébellion le rend coupable et malheureux. Ce que l'homme perd par le Contrat social, c'est sa liberté naturelle et un droit illimité à tout ce qui le tente et qu'il peut atteindre ; ce qu'il gagne, c'est la liberté civile et la propriété de ce qu'il possède.

L'ordre public et le salut du peuple exigent impérieusement de reconnoître et d'obéir à l'autorité de celui qui est revêtu de la suprême magistrature ; son droit est sacré, parce que dans l'exercice de son pouvoir il représente la nation ; nul ne peut attaquer ni méconnoître ce droit sans outrager les loix, sans se déclarer rebelle à la volonté nationale, sans précipiter l'Etat dans les horreurs de l'anarchie et de la guerre. Nul ne peut combattre cette possession récente. Tout gouvernement, dit Mounier, qui remplit le but de son institution, celui du bonheur général, est respectable et sacré, quelles que soient sa forme et son origine; celui même qui dérive d'une conquête devient légitime par la durée de sa possession, par ses bienfaits, par l'habitude de l'obéissance des habitans conquis. Pour assurer le repos public, on a reconnu dans tous les pays que la possession, même récente, formoit un titre sacré Lorsque le pouvoir s'exerce avec justice, avec bienfaisance, qu'importe le principe de sa formation ? La société en repose-t-elle moins sur son appui ? Le perturbateur, l'anarchiste qui tend à le détruire est l'ennemi de la patrie et de la société ; quand la loi politique, dit Montesquieu, qui a établi un certain ordre de choses devient destructive du corps politique pour lequel elle a été faite, il ne faut point douter qu'une autre loi politique ne puisse changer cet ordre. Dans les révolutions et dans les nouvelles institutions, le temps convertit en droit ce qui d'abord n'étoit que force et qu'usurpation ; la possession est consacrée et devient un droit par le consentement tacite qui résulte de la sou-

mission effective et paisible des citoyens.
Lorsque l'Etat est tranquille et que les factions ont été enchaînées , la soumission des
citoyens est volontaire et spontanée. Quand
un gouvernement , dit Montesquieu , a
été usé par le temps et par les causes qui
minent les constitutions les plus robustes ;
quand toutes les institutions en ont été successivement altérées par la marche lente et
progressive de l'opinion, il faut bien qu'il
ait le sort de toutes les choses humaines ;
alors un nouvel ordre se présente, il faut
reconstruire l'édifice usé par l'ancienneté
du temps ; dans ce désordre universel, dans
cette suspension absolue de l'autorité et des
loix , la nation rentre dans ses droits pri-
mitifs , elle devient un moment souveraine pour créer une nouvelle constitution
qui rajeunisse pour ainsi dire l'Etat, et lui
donne un nouveau principe de vie et de
fécondité.

Une nation a le droit incontestable de
changer, de modifier sa constitution, d'établir le gouvernement qu'il croit conforme à
sa liberté , à son bonheur, et de former
une nouvelle dynastie de ses souverains ;
ce principe fondé sur le droit universel, sur

les institutions saintes de la nature ; sur les simples élémens de la raison et de la politique, a reçu une sanction générale. L'empereur Léopold, les souverains d'Espagne, de Suède, de Danemarck, reconnurent pour roi d'Angleterre le prince d'Orange, lorsque le peuple anglais lui déféra la couronne ; lorsque Gustave Vasa monta sur le trône de Suède ; lorsqu'Albert de Brandebourg se fit duc et souverain de la Prusse, dont il n'étoit que simple administrateur pour l'Ordre Teutonique ; lorsque Jean de Bragance fut élu roi de Portugal ; lorsque Cromwel exerça l'autorité souveraine, les autres puissances reconnurent ces pactes nouveaux qui formoient le gouvernement de ces peuples, elles virent sans inquiétude et sans alarmes, les Bataves briser les fers de la tyrannie espagnole ; la nation Helvétique se soustraire à la domination de l'Autriche, et le peuple des Etats-Unis se séparer de la Métropole. Les puissances de l'Europe ont été forcées de rendre hommage à la vérité de ces principes fondamentaux qui établissent les sociétés politiques, de reconnoître et de respecter l'indépendance de la nation française et des autres gouvernemens qui se sont formés au milieu d'une grande révolution.

La sagesse, la valeur, le génie et les vertus du premier Magistrat de la République française, ont terminé une révolution longue et sanglante. Il ne faut point qu'elle ouvre ses abîmes pour y ensevelir de nouvelles victimes. Il faut y mettre la pierre sépulcrale , et enchaîner pour jamais ce génie malfaisant, qui dort peut-être, et dont le réveil serait le signal de la vengeance et de la mort. Le peuple mérite de goûter les douceurs de la paix, de jouir des bienfaits d'un heureux gouvernement , et de recevoir la récompense de ses souffrances et de ses sacrifices. Si la religion de ses pères a été rétablie dans toute sa pureté ; s'il est placé aujourd'hui au rang de la première nation de l'univers, il faut que le rétablissement de la loi de l'hérédité devienne le gage et la garantie de la stabilité de sa gloire, de sa puissance et de son bonheur. Que deviendroit-il, si un crêpe funèbre s'étendoit sur la France, et si le ciel, impénétrable dans ses projets, nous enlevoit le héros législateur qui nous gouverne avec tant de gloire et de sagesse? Que deviendroit la Nation dans ce jour de deuil et de désolation? Quel lugubre et sanglant tableau se présente à nos regards! Qui peut s'y arrêter sans gémir et sans verser des torrens de larmes? Toutes les factions se réuniroient pour ré-pandre sur cette terre infortunée tous les malheurs et tous les fléaux de la guerre et de l'anarchie; on ne verroit que des tyrans et des esclaves, des oppresseurs et des op-primés, des bourreaux et des victimes, des prisons, des chaînes, des échafauds. Les par-tisans de l'ancienne dynastie rallumeroient la guerre civile; les démagogues voudroient établir la tyranie populaire; l'athée renver-seroit les temples et les autels, et ce peuple régénéré par les bienfaits de son premier Magistrat, élevé par son génie et par ses vertus à un degré de grandeur et de puis-sance inconnue aux autres nations, tom-beroit dans l'opprobre et dans l'avilissement, et deviendroit le jouet et le mépris de l'Eu-rope entière. Mais éloignons ces sombres ta-bleaux et ces tristes présages. Le ciel, dans sa prédilection, a choisi Bonaparte pour l'exé-cution de ses desseins; il a conduit, comme par la main, ce nouveau Cyrus; il l'a béni

dans toutes ses opérations. Un ange tuté-
laire l'entourera de son égide immortelle; il
veillera sur les jours précieux de ce libéra-
teur, qui a réparé avec ses mains triomphantes les ruines du sanctuaire, relevé les
autels abattus, et rétabli la solennité des fêtes
et des cérémonies.

Le peuple français en consacrant l'hérédité de la suprême magistrature, exercera
un acte de justice et de reconnoissance.
Bonaparte a détruit des armées formidables,
a vaincu des peuples nombreux, a fait des
conquêtes rapides et brillantes; il a été grand
et magnanime après ses triomphes; il n'a
point corrompu les fruits de ses victoires
par des actes de cruauté; il a respecté la
religion, les coutumes et les usages des
peuples qu'il a soumis à sa domination; il
a porté chez des nations superstitieuses les
lumières des arts et de la civilisation. Le
flambeau des sciences a éclairé des contrées
immenses et désertes; ses conquêtes ont
réuni à l'empire français de vastes et fertiles
provinces, les frontières sont reportées aux
limites que leur avoit marqué la nature;
des peuples, long-temps séparés de la France,
se sont réunis à de puissans alliés, et en

accroissent sa population, sa force, son territoire. Bonaparte a combattu pour faire connoître et respecter l'indépendance du peuple français, pour reconquérir cette influence et cette prépondérance dans le système politique qu'il avoit perdue ; il a relevé sa puissance fédérative et sa puissance militaire ; il a placé la Nation française au rang du premier peuple de l'univers. La république d'Italie l'a proclamé son chef ; les cantons de l'Helvétie, son législateur ; l'Allemagne, son bienfaiteur. Son génie s'est emparé de tous les mouvemens qui dirigent les opérations des puissances étrangères, et les maîtrise pour les faire servir à consolider son système de pacification générale. Ce héros pacificateur a offert la paix aux ennemis vaincus, au milieu de ses conquêtes et le front orné des lauriers de la victoire. Il sait que les conquêtes épuisent les Etats ; qu'un jour de victoire est un jour de deuil pour l'humanité ; que la guerre est la plus grande plaie des empires ; qu'elle substitue aux sentimens doux et bienfaisans, le besoin d'opprimer et l'ardeur de détruire.

Attaqué par un gouvernement violateu

des traités , Bonaparte s'arme de toute la
force de la nation pour assurer à toutes les
puissances de l'Europe cette liberté de commerce et de navigation que la nature a établie pour l'intérêt de tous , et pour la prospérité générale. Il combat pour ramener un
gouvernement usurpateur à de nouveaux
principes de droit public, et à de nouvelles
maximes d'ordre et de justice. On a versé des
flots de sang pour rétablir cette balance politique destinée à s'opposer à la grandeur et à
l'ambition des grandes puissances. Il est
temps de prendre les armes pour maintenir
sur les mers ce même systême d'équilibre
qui doit détruire cette suprématie qui pèse
sur tous les peuples. Une puissance conti-
nentale ne doit point souffrir d'être tribu-
taire d'une puissance maritime. Une juris-
diction exclusive sur les mers et sur les
comptoirs du globe , est une insulte et un
outrage aux autres nations. L'empire de la
mer est un domaine commun qui appartient
à tous les peuples.

Bonaparte a guéri les plaies de l'Etat, il
l'a arraché aux souillures d e l'anarchie, et,
à sa voix, la France qui marchoit rapide-
ment d'erreurs en erreurs, de calamités en

calamités vers sa dissolution politique, a repris sa gloire et sa grandeur. Il a rétabli le règne des loix et de la justice sur les ruines de toutes les factions ; il a rappelé à ses antiques vertus un peuple qu'il a illustré par ses victoires ; il s'est servi de son épée et de l'autorité sacrée des loix pour opérer cette heureuse révolution qui a ouvert les sources de la prospérité publique ; il veut réunir tous les cœurs et toutes les volontés vers un centre commun, et les attacher à l'amour de la paix, de l'ordre et de la patrie ; il a ramené les rébelles à l'obéissance des loix, par la clémence ; il a enchaîné les fureurs des conspirateurs, par ses prières et ses exhortations paternelles ; son génie a créé le gouvernement représentatif qui est fondé sur les véritables principes qui constituent le Contrat social. Bonaparte sait que les loix sont les fondemens des sociétés politiques, et que c'est une sage administration qui fait la force et la gloire des Etats, la prospérité et le bonheur des peuples. Il a formé une nouvelle division de la France, et a établi dans l'administration intérieure une unité de pouvoir et d'action. Un code civil a rétabli les droits des citoyens dans toute leur intégrité, a fondé l'ordre des successions sur les principes naturels et sur les maximes de la justice. La liberté publique a été associée avec cette politique qui en règle l'exercice et en restreint l'usage.; une jurisprudence universelle a réglé l'exécution des conventions et des transactions, a détruit des usages injustes et des institutions informes. Bonaparte veut donner aux loix ce caractère de grandeur et de puissance qui leur assure l'obéissance des peuples, les hommages des générations, et l'immortalité des siècles.

Bonaparte applique tous ses travaux à vivifier l'agriculture et à lui donner un nouveau principe de vie et de fécondité, à étendre le commerce et encourager l'industrie. Instruit des avantages de la navigation, il veut réunir la Manche, l'Océan et la Méditerranée, la Somme et la Sambre à l'Escaut, l'Oise à la Sambre, la Garonne au Rhône, et rendre la France navigable du nord au midi et à l'ouest; il rétablit la marine, et veut lui rendre son ancien éclat. Des préfets maritimes ont été institués pour donner un principe de vie, d'ordre, de force et d'autorité aux armemens et aux expédi-

tions , et pour surveiller toutes les parties
éparses de cette immense administration.
Il donne aux colonies un gouvernement
conforme au climat, au génie et au caractère des colons. Il a créé des institutions
propres à former des citoyens vertueux et
des guerriers, toujours prêts à défendre,
par leur génie et leur valeur, le gouvernement, les loix et la constitution; il a
rétabli ces signes extérieurs qui fixent l'at-
tention, réveillent les idées, commandent
le respect et la soumission, frappent l'imagi-
nation et subjuguent les sens. Il a organisé
l'armée par des règlemens sages et utiles; il
a rétabli la discipline militaire, et en a augmenté la puissance; il est le bienfaiteur de
ces guerriers qui ont défendu l'Etat, et il
a assuré aux braves soldats, qui ont versé
leur sang pour la patrie, une ressource
contre l'indigence et la misère; il a institué
des honneurs destinés à récompenser les
talens et les vertus; il a élevé à la gloire des
arts et des sciences, ces temples augustes où
le philosophe proclame les vérités de la
morale, où l'historien déploie avec majesté
les archives du genre humain, où l'orateur
montre les beautés de l'éloquence, où le

poète enchante par l'harmonie de ses vers, et où l'artiste anime ses pinceaux. Ce législateur, sensible et compatissant, a multiplié les établissemens de la bienfaisance, les asyles de la charité et de l'humanité souffrante.

Bonaparte parcourt les différens départemens de la République française ; il visite les forteresses, les manufactures, les ateliers, les établissemens publics. Sa présence, comme la flamme électrique, embrase tous les cœurs de l'amour de la patrie. L'industrie encouragée s'élève, s'accroît et se perfectionne. L'esprit humain, à la voix d'un seul homme, enfante des prodiges ; au milieu des fêtes, des hymmes et des cantiques de l'admiration et de la reconnoissance publique, Bonaparte s'occupe, dans ses profondes méditations, du bonheur du peuple. Son génie, toujours actif, cherche à créer de nouvelles sources de richesse nationale et de félicité générale. L'histoire racontera à la génération présente et à la postérité les travaux bienfaisans qui immortaliseront son nom et sa mémoire, et le placeront au rang des amis et des bienfaiteurs de l'humanité.

Le premier Consul a été pénétré de cette grande vérité, qu'il faut réunir à la politique et à la législation un système religieux. Protecteur de toutes les religions et de tous les cultes, il a donné au peuple l'ancienne religion de l'Etat; il a relevé les temples abattus, les autels renversés, et réparé, de ses mains triomphantes, les ruines du sanctuaire; il a rétabli l'ancienne discipline ecclésiastique, et ramené le clergé à sa pureté primitive ; des loix organiques vont former des ministres de la religion, qui annonceront la justice et la paix. Il a rappelé la concorde dans les familles, et la morale dans les cœurs. Bonaparte brave tous les périls et ne les redoute point; son ame inébranlable voit sans pâlir le glaive de la mort. Environné de ses ombres, il a montré la fermeté du guerrier et la sagesse du philosophe ; il croit à la providence et à la fortune, et il ajoute foi à ses pressentimens. Les ames des héros, dit Thomas, ont un instinct supérieur, qui n'est pas même soupçonné des ames vulgaires. Les grands hommes ont une espèce de divination ; on peut les comparer à ces hautes montagnes dont le sommet est éclairé, tandis que les régions inférieures du globe sont encore ensevelis dans les ténèbres. Le Chef de la Nation française est protégé par cette providence qui veille sur les destinées des peuples, et qui règle le sort des empires.

Bonaparte, ferme dans ses résolutions, les fait exécuter avec promptitude, avec sagesse, avec fermeté ; il sait qu'un projet, conçu long-temps dans le silence et la méditation, doit être exécuté dans toute sa plénitude ; que la lenteur ou l'inexécution annonce la versatilité dans le gouvernement, fait mépriser l'autorité, et prépare ces factions qui, foibles dans leur origine, deviennent des conspirations dangereuses et des insurrections sanglantes. A cette fermeté d'ame, à cette grandeur de caractère, qui est la vertu des grandes ames, il sait réunir cette justice publique qui assure le bonheur des peuples, et garantit la durée des empires.

Bonaparte se livra dès sa plus tendre enfance à la lecture de l'histoire, de la philosophie. Long-temps renfermé dans la retraite, où s'alimentent les ames grandes et fortes, il interrogea les sages de tous les siècles, étudia les loix de tous les pays

et les annales de tous le peuples ; il aime
et cultive , au milieu de ses immenses
travaux , les sciences et les arts , et son
génie parcourt avec facilité d'une extré-
mité à l'autre, la chaîne des connoissances
humaines ; il étonne les savans par la pré-
cision et la profondeur de ses pensées, et
aucune science ne lui est étrangère ; il pra-
tique, dans sa vie privée, les vertus mo-
rales de l'homme religieux, et montre les
qualités aimables du citoyen et de l'ami de
l'humanité ; il associe à sa gloire et à ses
travaux ses illustres frères, et confie à leur
fidélité et à leurs lumières, les opérations
les plus difficiles et les plus importantes ;
il trouve dans l'union conjugale et dans le
sein de sa famille et de ses amis, ces douceurs et ces consolations de la vie domes-
tique, qui ont, pour les ames saines, un
charme que les ames corrompues ne peu-
vent connoître.

Le vainqueur, le législateur des nations,
le pacificateur de l'Europe, le régénérateur
de la Farnce, est appelé et choisi par la
Nation à nous gouverner et à exercer le
Pouvoir souverain dans toute son intégrité et dans tous ses droits. Une nouvelle

dynastie, formée sous des auspices heureux
et consolans, doit jouir des prérogatives
attachées à la dignité et à la puissance des
anciennes dynasties : Bonaparte sera la tige
de cet arbre majestueux dont les rameaux
vont ombrager la France. Il présentera
à l'Europe étonnée le génie de Charlemagne, les vertus de Louis IX, et la gloire
de Louis XIV.

**F I N.**